Les contes de la fer



# Activités de Noël

Anna Milbourne

Maquette : Non Figg
Illustrations : Stephen Cartwright
et Molly Sage

Photographies : Howard Allman

Pour l'édition française : Traduction : Christine Sherman
Rédaction : Renée Chaspoul et Carla Brown

## Sommaire



Un petit canard est caché dans chaque double page.
Peux-tu le trouver ?

Voici la ferme des Pommiers.

M. et Mme Dupré y habitent avec leurs enfants, Julie et Marc. Ils ont un chien, qui s'appelle Caramel, et un chat, Moustache. Jean aide M. Dupré aux travaux de la ferme. C'est l'hiver, et les préparatifs de Noël vont bon train.

# Les flocons de neige de Julie

1. Pose une tasse sur une feuille de papier blanc. Trace son contour au crayon à papier.

2. Découpe le cercle obtenu. Plie celui-ci en deux, puis encore en deux.

3. Avec les ciseaux, découpe des entailles dans le papier. Coupe également la pointe.

4. Ouvre. Le papier découpé ressemble à un flocon de neige. Colle des sequins et des paillettes.

5. Pose la tasse sur un morceau de papier de soie. Trace son contour, puis découpe-le.

6. Mets des points de colle au dos du flocon et colle le papier de soie. Scotche sur la vitre d'une fenêtre.

# Les rouges-gorges de Marc

1. Pose trois feuilles de papier essuie-tout pliées sur une pile de vieux journaux.

2. Verse de la peinture marron, rouge et blanche sur l'essuie-tout. Étale-la avec le dos d'une cuillère.

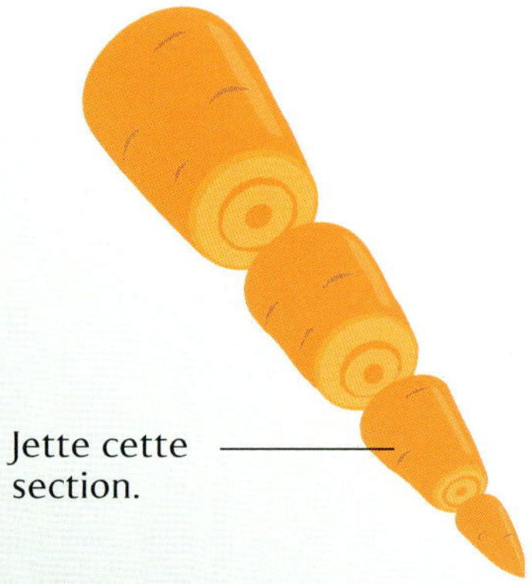


3. Coupe une grosse carotte en quatre. Jette la section avant la pointe, tu n'en as pas besoin.

4. Trempe la section la plus grosse dans du marron. Imprime le corps de l'oiseau sur du papier.

5. Trempe la carotte plusieurs fois dans la peinture pour faire d'autres rouges-gorges.

Dessine un tronc d'arbre pour donner un perchoir à tes oiseaux.

6. Trempe le petit côté de la section centrale dans du blanc. Imprime sur les ronds marron.

Trace de petites empreintes bleues dans la neige.

7. Trempe le morceau de carotte le plus petit dans du rouge. Imprime en bas du rond blanc.

8. Laisse sécher, puis dessine le bec, les yeux, la queue, les ailes et les pattes au feutre noir.

Dessine des rouges-gorges en train de chanter et d'autres en train de sautiller dans la neige.

# Guirlandes d'anges

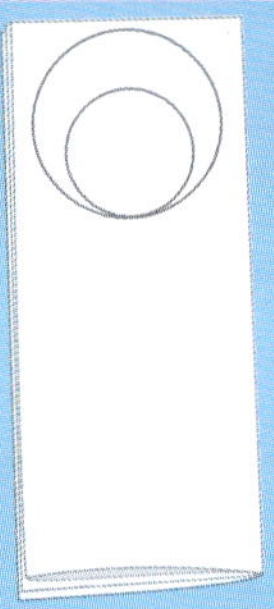

Le bas du petit cercle doit toucher le bas du plus grand.

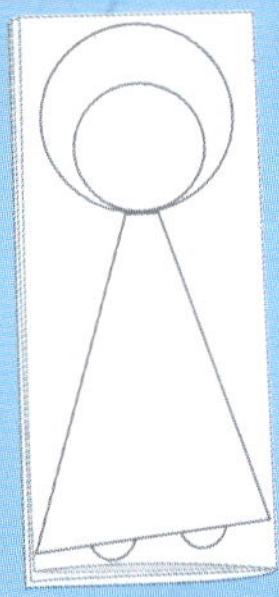

1. Plie un rectangle de papier blanc en deux dans le sens de la largeur, puis de nouveau en deux.

2. Dessine un cercle presque tout en haut du papier. Dessine un petit cercle à l'intérieur.

3. Dessine un grand triangle pour la robe et des petits pieds qui dépassent en dessous.

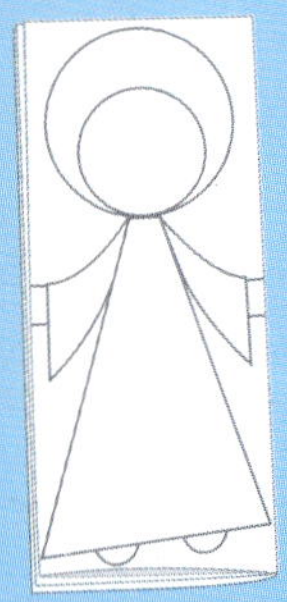

Les mains doivent toucher le bord du papier.

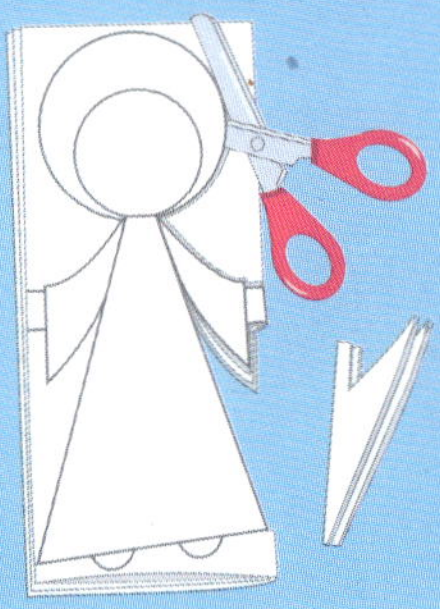

4. Dessine deux grandes manches, puis complète avec les mains en allant jusqu'au bord du papier.

5. Découpe l'ange avec des ciseaux, en veillant à ne pas couper la pliure au niveau des mains.

6. Ouvre la guirlande. Dessine les traits du visage et les cheveux de chaque ange.

Décore avec un feutre doré ou argenté, si tu en as un.

Relie plusieurs guirlandes avec du scotch, en alternant les anges vus de face et de dos.

7. Décore les robes et les auréoles au feutre. Ajoute des paillettes, si tu veux.

8. Décore également l'envers de la guirlande. Dessine des ailes et les cheveux sous l'auréole.

Tu peux aussi faire une guirlande de bonshommes de neige, comme ici.

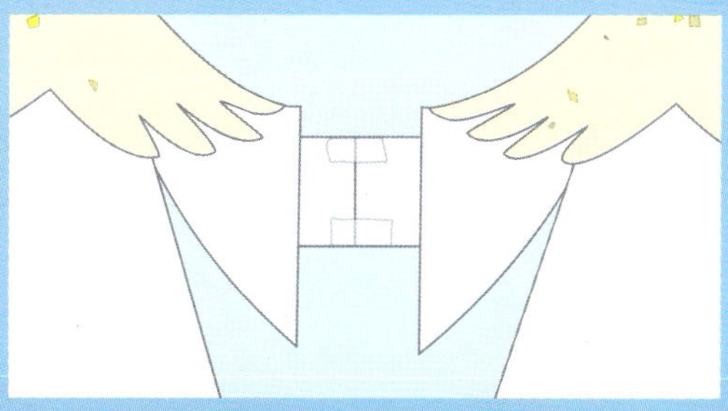

9. Enfin, relie plusieurs guirlandes entre elles par un morceau de scotch à l'endroit des mains.

# Décorations de Noël

1. Pose une grande assiette sur du papier kraft ou sur du carton mince. Trace le contour au crayon.

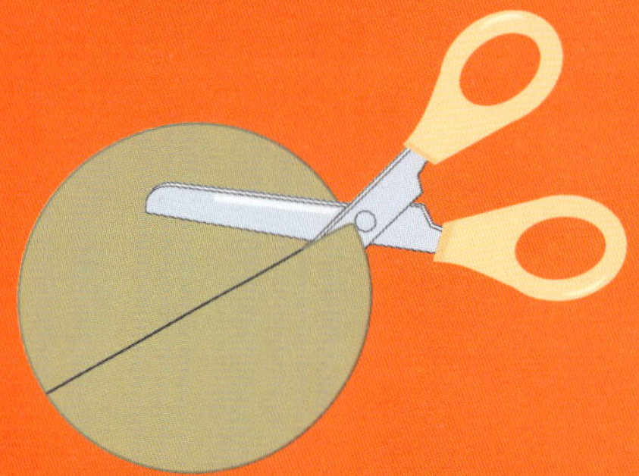

2. Découpe. Plie en deux, puis ouvre. Découpe le long de la pliure pour faire deux demi-cercles.

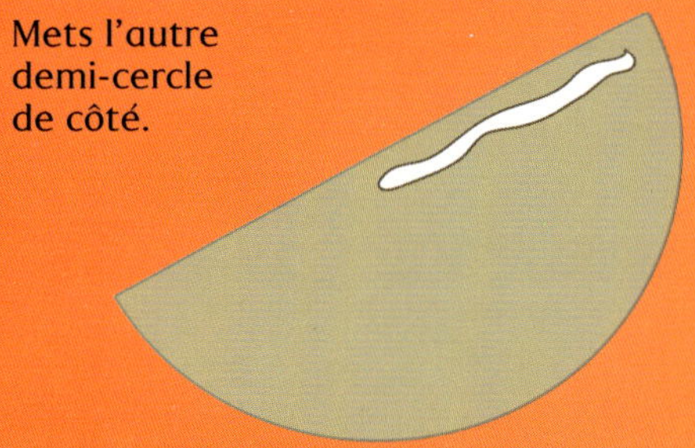


3. Étale un filet de colle sur la moitié du bord droit d'un des demi-cercles, comme sur l'illustration.

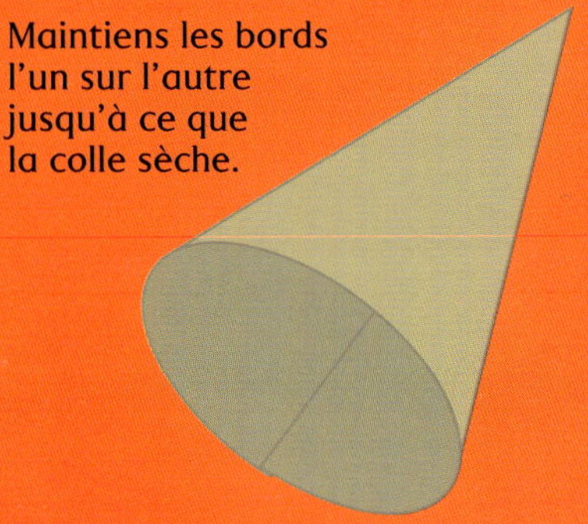


4. En tenant le papier par le bord droit, recourbe pour faire un cône. Colle les bords l'un sur l'autre.

5. Découpe un bout de ficelle. Plie en deux. Fais un nœud sous la boucle. Enfonce à travers le cône.

6. Dessine la tête d'un renne sur l'autre demi-cercle, avec des bois ondulés, comme sur l'illustration.

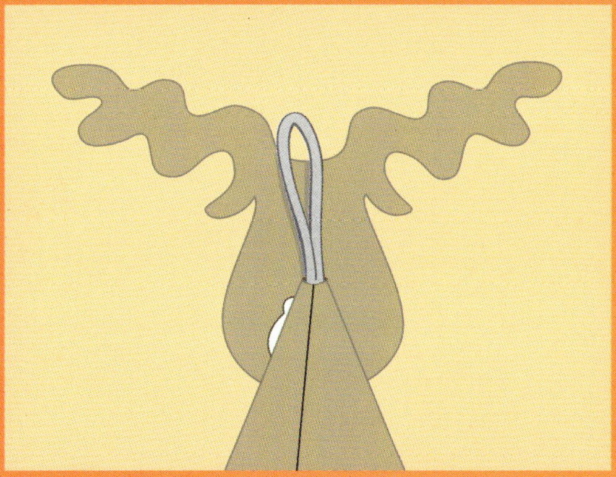

7. Découpe la tête du renne. Ajoute un point de colle à l'envers et colle en haut du cône.

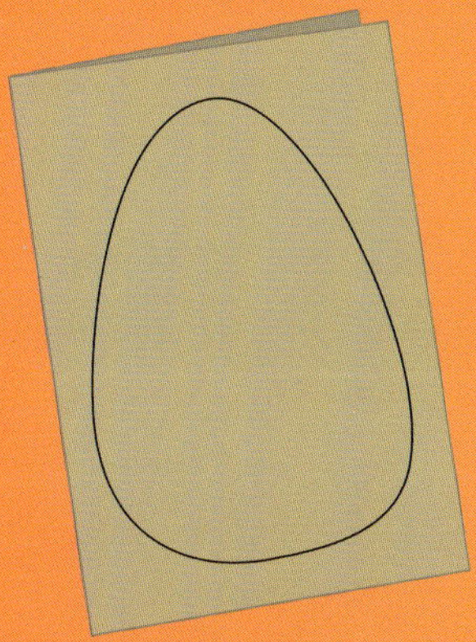

8. Plie une feuille de papier kraft en deux. Dessine la forme d'un pied. Découpe pour obtenir deux pieds.

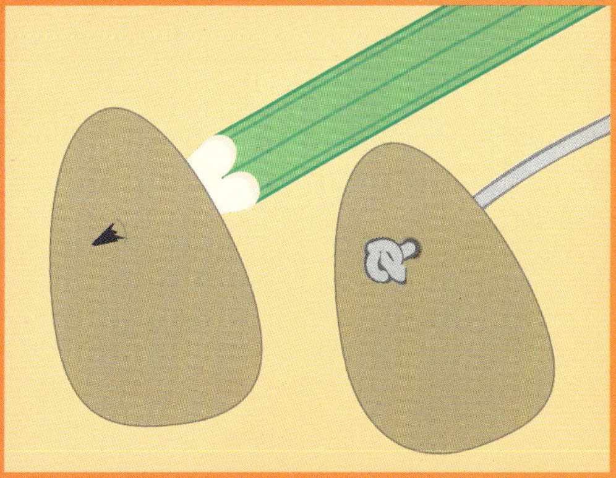

9. Perce un trou dans chaque pied avec la pointe d'un crayon. Enfile la ficelle à travers. Fais un nœud d'arrêt.

Pour faire le père Noël, dessine la tête sur du papier blanc et colorie-la avec des feutres.

Le contour des bois et de la tête de ce renne sont soulignés au feutre noir.

Colle du papier blanc en bas du manteau du père Noël et de la fourrure sur le poitrail du renne.

Suspends tes décorations ou pose-les sur une étagère en laissant pendre les jambes.

Tu peux aussi fabriquer un elfe avec du papier vert.

# La carte de vœux de Julie

1. Dans le sens de la largeur, plie un rectangle de papier vert en deux, puis de nouveau en deux.

2. Trace un long triangle et découpe à travers les quatre épaisseurs pour obtenir quatre triangles.

3. Raccourcis deux des triangles en découpant une bande de hauteur différente dans chaque base.

4. En tenant chaque triangle par la pointe, découpe des encoches dans la base pour faire une frange.

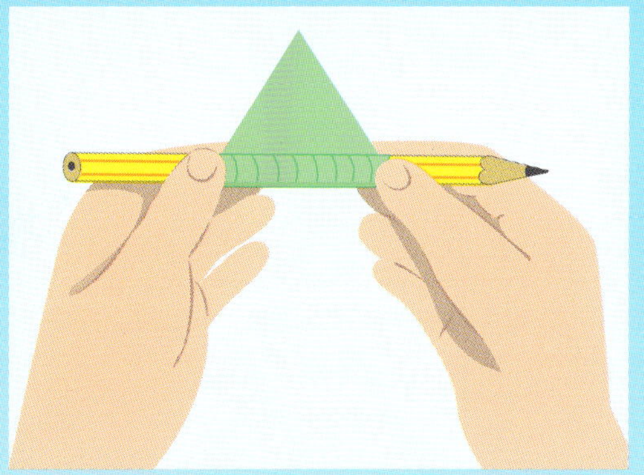

5. Enroule la base de chaque triangle autour d'un crayon pour faire des frisettes.

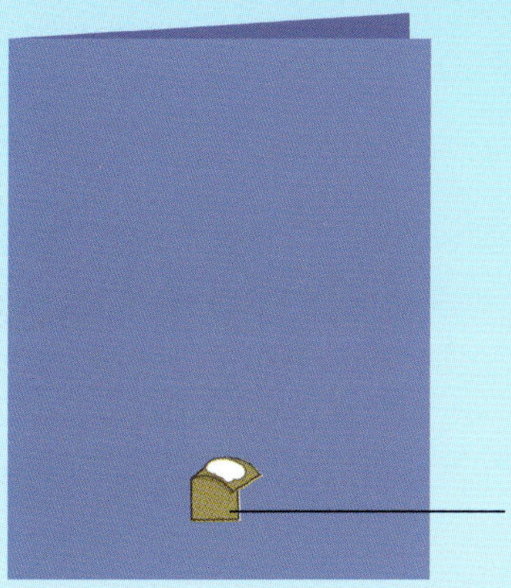


6. Plie une feuille de papier bleu épais en deux. Découpe et colle un petit rectangle de papier marron.

7. Colle le grand triangle sur le tronc. Puis colle le triangle moyen par-dessus, et enfin le petit triangle.

8. Trempe un doigt dans de la peinture blanche. Peins des flocons sur le sapin et tout autour.

9. Toujours avec le doigt, peins le sol enneigé. Ajoute une étoile autocollante de ce livre en haut du sapin.

# Étoiles et stalactites

## Étoile

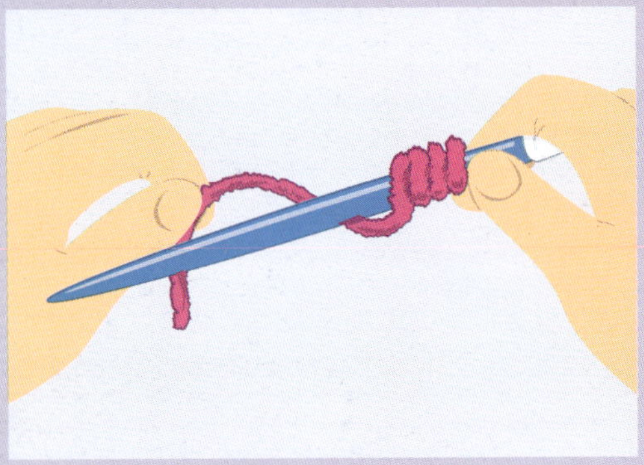

1. Tiens le bout d'un cure-pipe contre le manche d'un pinceau. Enroule-le autour du pinceau, en serrant bien.

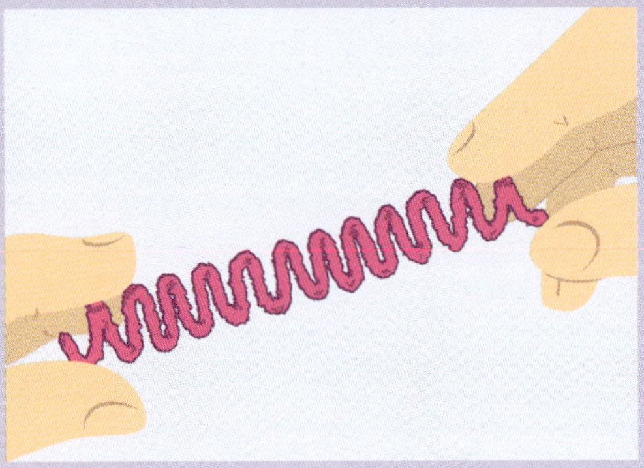

2. Quand tu as enroulé tout le cure-pipe, retire le pinceau. Étire doucement la spirale obtenue de chaque côté.

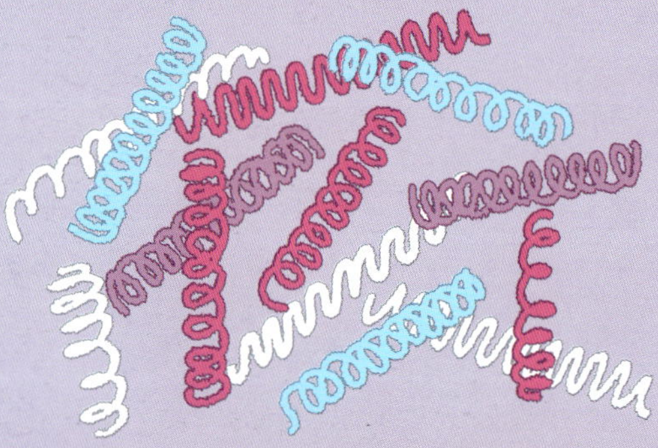

3. Enroule de la même façon d'autres cure-pipes sur le pinceau, jusqu'à ce que tu obtiennes en tout dix spirales.

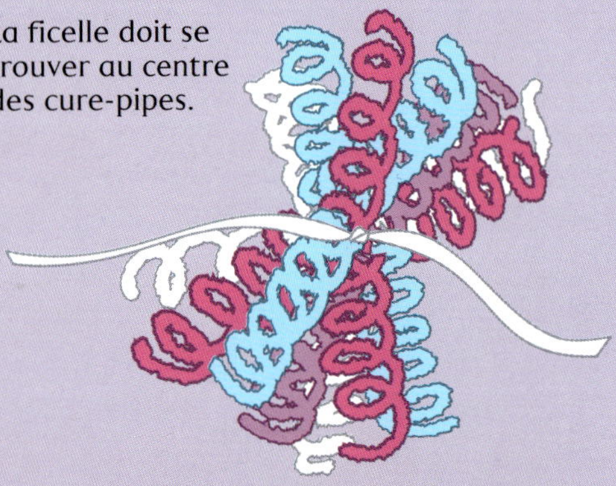


4. Pose un bout de ficelle fine sur la table, puis les cure-pipes dessus. Noue la ficelle au milieu, en serrant bien.

5. Répartis les cure-pipes autour du nœud central pour faire une boule. Noue les extrémités libres de la ficelle. Suspends.

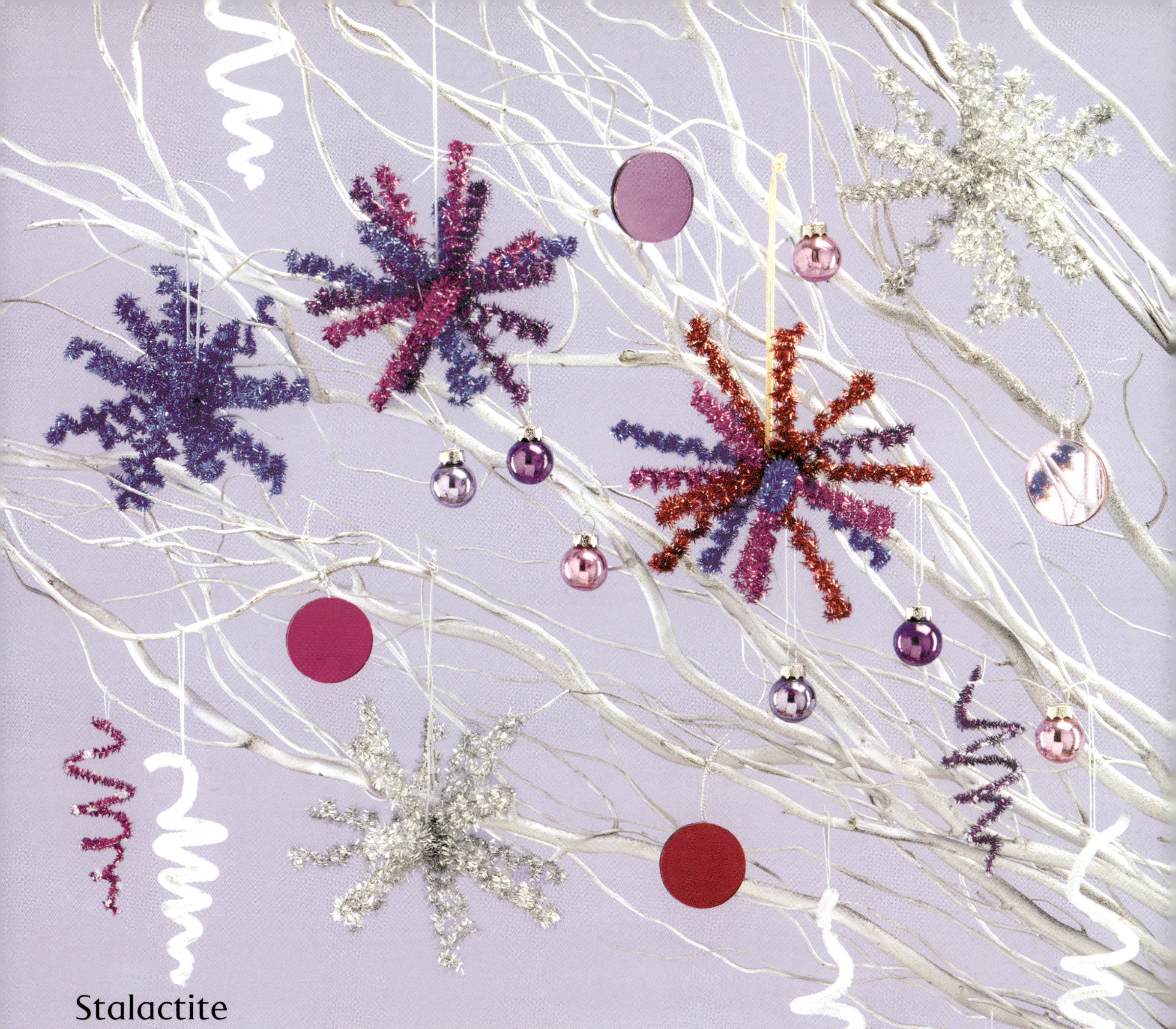

## Stalactite

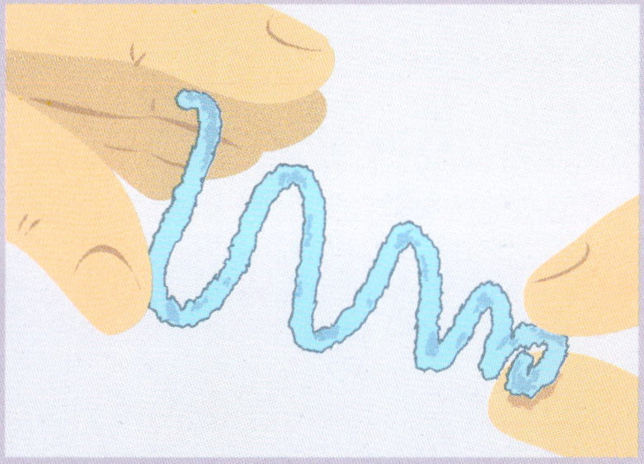

1. Recourbe le bout d'un cure-pipe, puis enroule en serrant sur le même plan. Tu dois obtenir une spirale aplatie.

2. Étire la spirale en tenant l'extérieur immobile et en sortant doucement le centre. Noue un fil au bout et suspends le stalactite.

# Les minisapins de Mme Dupré

1. Pose une soucoupe sur du papier vert épais. Trace le contour au crayon pour faire un cercle.

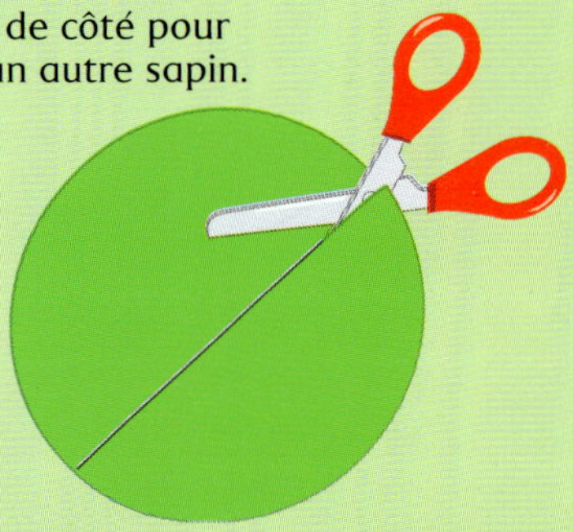


2. Découpe. Plie en deux, puis ouvre. Découpe le long de la pliure pour faire deux demi-cercles.

3. Étale un filet de colle sur la moitié du bord droit d'un des demi-cercles, comme sur l'illustration.

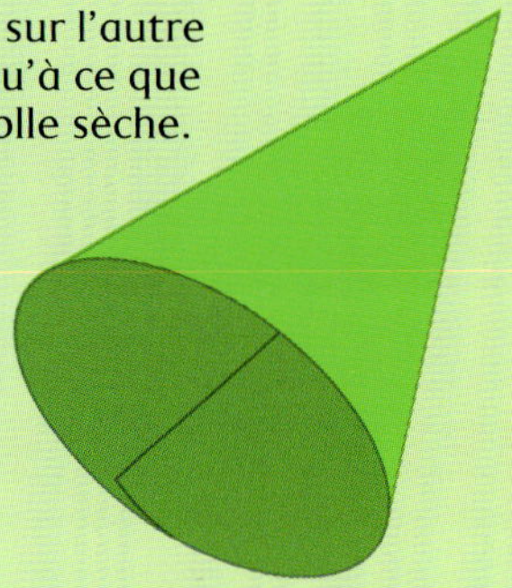


4. En tenant le papier par le bord droit, recourbe pour faire un cône. Colle les bords l'un sur l'autre.

5. Pose une tasse sur une autre feuille de papier vert. Trace le contour au crayon et découpe.

6. Recourbe le cercle bord à bord, en le pinçant au milieu. Recommence dans l'autre sens.

Découpe des spirales blanches pour faire la neige.

Ces minisapins peuvent servir de décorations de table ou être posés sur un rebord de fenêtre.

Les boules peuvent aussi être en papier doré.

7. En commençant par le bord, dessine une spirale régulière jusqu'au milieu du cercle.

La spirale tient par une goutte de colle.

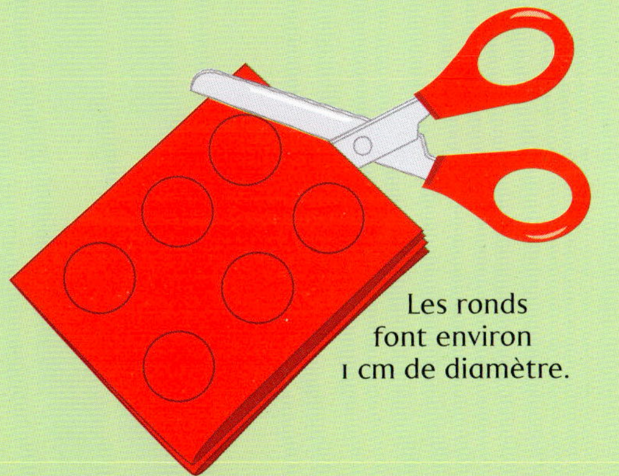

Les ronds font environ 1 cm de diamètre.

8. Découpe soigneusement le long de ton trait, puis pose la spirale au sommet du sapin.

9. Plie du papier rouge en deux, puis encore en deux. Dessine et découpe des ronds pour faire des boules.

10. Entaille chaque rond rouge jusqu'au centre. Insère-les sur le bord de la spirale du sapin.

# Marque-pages de fête

1. Sur du carton blanc léger, dessine la tête d'un nounours, coiffée d'un bonnet. Colorie avec des feutres.

2. Découpe-la, puis pose sur une feuille de bristol rouge. Trace le contour de la tête avec soin.

3. Dessine ensuite la forme d'une chaussette en dessous, en la superposant légèrement avec la tête.

4. Découpe le contour du dessin avec soin, mais ne coupe pas le menton du nounours.

La tête dépasse à l'endroit de la page.

5. Mets de la colle en haut de la forme et pose dessus la tête du nounours. Aligne bien les bords du bonnet.

# Papier à lettres de Noël

1. Pose un morceau d'essuie-tout sur une pile de vieux journaux. Étale un petit peu de peinture blanche dessus.

Sers-toi de ce papier pour écrire au père Noël ou envoyer des remerciements.

2. Trempe le pouce dans le blanc et imprime le corps des bonshommes de neige sur du papier bleu.

3. Avec le bout de l'index, imprime une tache plus petite au-dessus du corps pour faire la tête.

4. Laisse sécher, puis ajoute au feutre chapeau, écharpe et boutons, le nez, les yeux et la bouche.

# Le portrait du père Noël

1. Pose un morceau d'essuie-tout sur une pile de vieux journaux. Étale un petit peu de peinture rouge dessus.

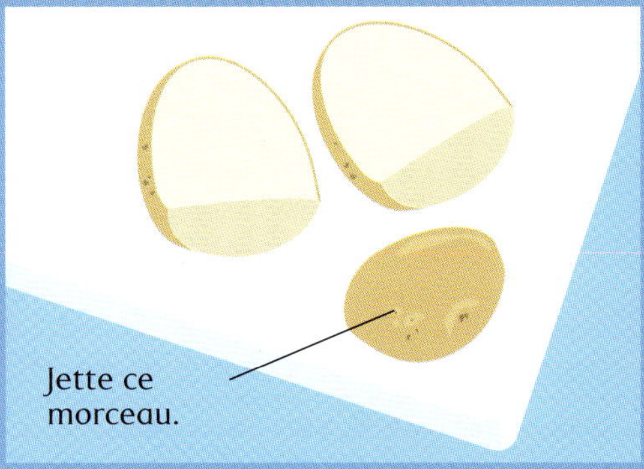


2. Coupe et jette le bout d'une grosse pomme de terre. Coupe le reste en deux moitiés. Mets une moitié de côté.

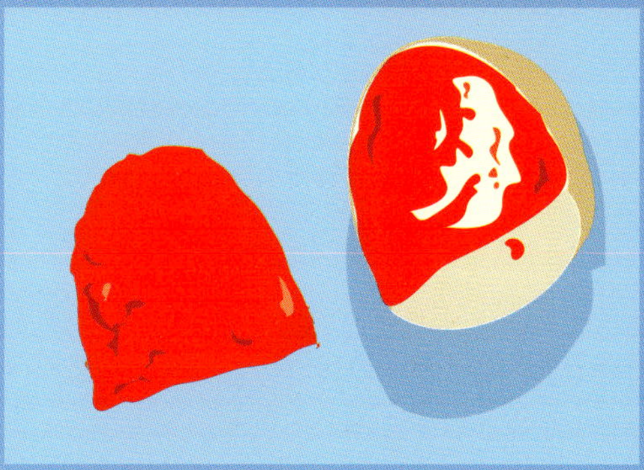

3. Trempe une moitié de pomme de terre dans la peinture. Applique sur du papier pour imprimer le corps du père Noël.

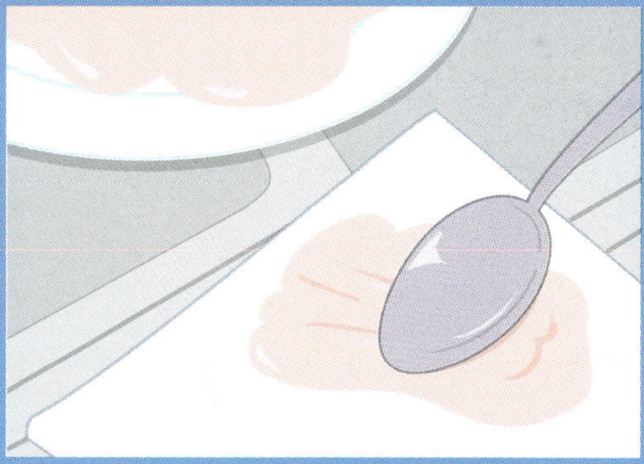

4. Dans une vieille soucoupe, mélange un peu de rouge et de blanc pour faire du rose. Étale sur de l'essuie-tout avec une cuillère.

5. Coupe une petite pomme de terre en deux. Imprime le visage du père Noël avec une moitié trempée dans la peinture rose.

6. Peins les deux bras en trempant à chaque fois le doigt dans la peinture rouge. Fais ensuite le bonnet du père Noël.

7. En trempant le doigt dans la peinture rouge à chaque fois, dessine les moufles, puis les jambes. Laisse bien sécher.

Avec les doigts, peins des flocons de neige et un sol enneigé.

Imprime un bonhomme de neige avec les moitiés de pomme de terre inutilisées.

8. Trempe plusieurs fois le doigt dans de la peinture blanche. Imprime la barbe en faisant des petites taches superposées.

9. Peins aussi les bandes de fourrure des vêtements du père Noël, sans oublier le pompon de son bonnet. Laisse sécher.

10. Dessine les yeux du père Noël, son nez et une bouche souriante au feutre noir. Ajoute les bottes et colorie-les.

# Les guirlandes de Mme Dupré

1. Mets des gouttes de colle sur une feuille de papier de la taille de cette page. Couvre de poudre brillante.

2. Une fois la colle sèche, fais glisser l'excès de poudre sur de vieux journaux. Décore d'autres feuilles de papier.

3. Découpe des bandes dans le papier décoré, en vérifiant d'abord qu'il est bien sec.

4. Fais le premier anneau, en fermant par un bout de scotch. Enfile une autre bande et scotche-la.

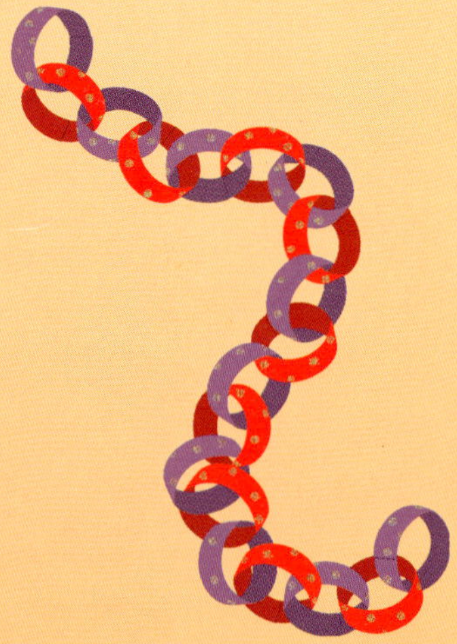

5. Continue à enfiler des anneaux jusqu'à ce que la guirlande soit assez longue pour être suspendue.

Décore les lanternes avec des feutres dorés et argentés, ou avec de la colle à paillettes.

# Lanternes en papier

Réserve l'autre moitié du papier pour une autre lanterne.

1. Plie en deux un morceau de papier épais, de la taille de cette page, puis découpe le long de la pliure.

Ne coupe pas jusqu'au bord.

2. Plie le papier en deux dans le sens de la longueur. Découpe des entailles le long de la pliure.

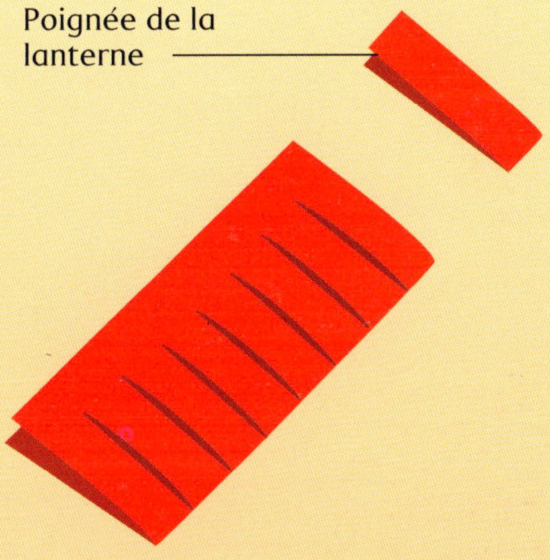


3. Découpe la dernière bande de papier jusqu'au bout. Garde-la, elle te servira plus tard.

4. Ouvre le papier. Étale de la colle le long d'un bord de largeur. Colle-le sur l'autre bord.

Décore avec les autocollants de ce livre.

5. Dépose de la colle aux bouts de la bande coupée en 3. Colle sur la lanterne pour faire une poignée.

# Les boules de neige de Julie

1. Pose une tasse sur un bout de carton et trace deux fois son contour. Découpe les deux ronds ainsi obtenus.

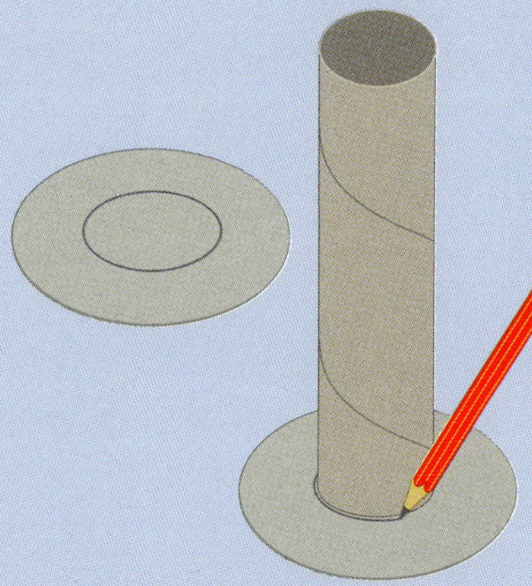

2. Trace le contour d'un tube de carton ou d'un couvercle pour faire un rond plus petit au centre des deux précédents.

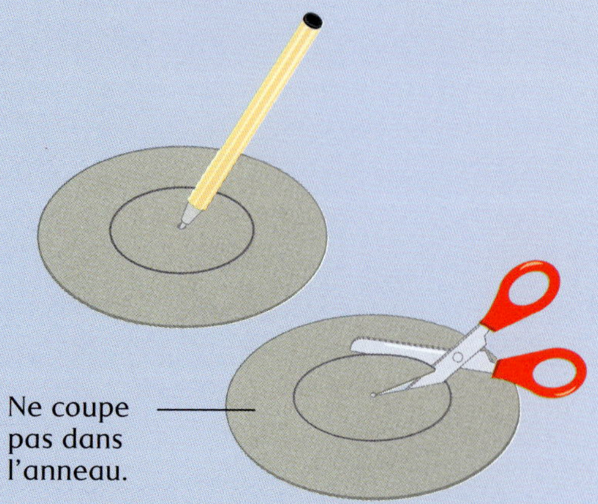


3. Perce un trou au milieu de chaque cercle avec un stylo. Enfonce la pointe des ciseaux dans le trou et découpe le rond intérieur.

4. Tiens le bout d'une pelote de laine avec le pouce et enroule autour de ta main, jusqu'à ce que tu en aies une bonne épaisseur.

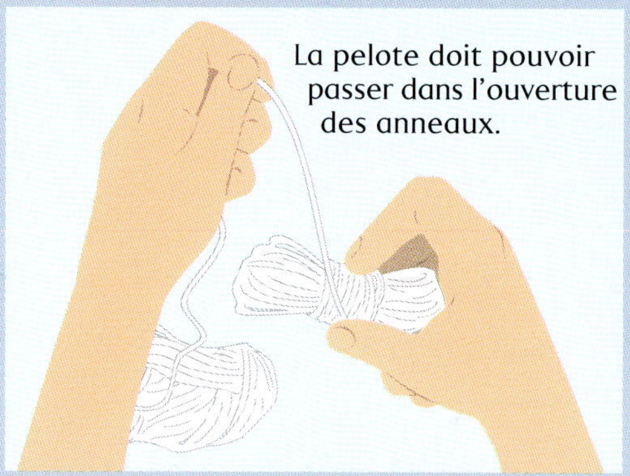


5. Enlève la laine de ta main. Tiens d'un côté et enroule le restant de laine au centre pour faire une petite pelote.

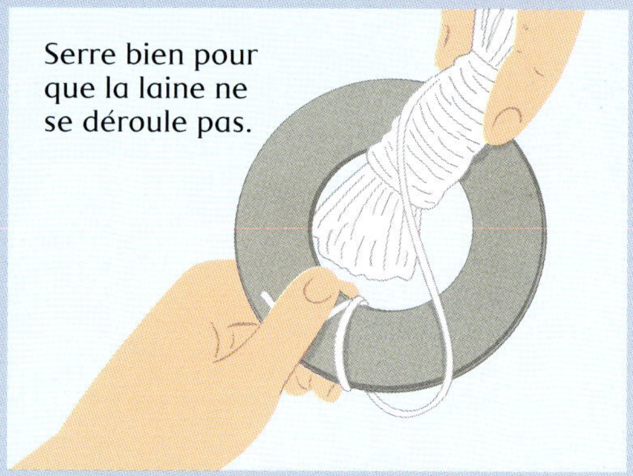


6. Pose les deux anneaux l'un sur l'autre. Tiens le bout de la laine avec le pouce et enroule autour de l'anneau, en passant par l'ouverture.

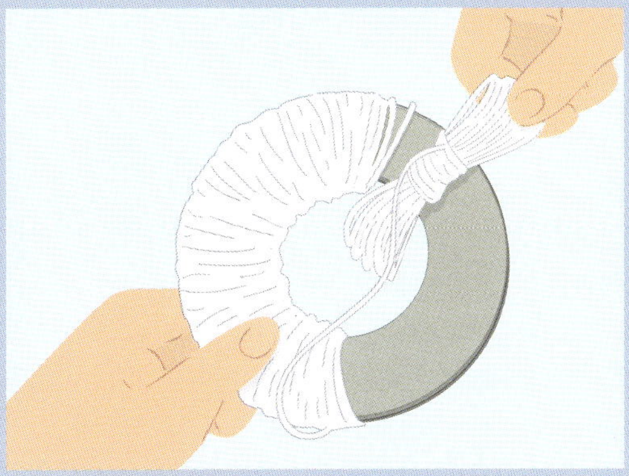

7. Continue en tournant l'anneau au fur et à mesure de façon à répartir la laine uniformément, jusqu'à ce que la pelote soit épuisée.

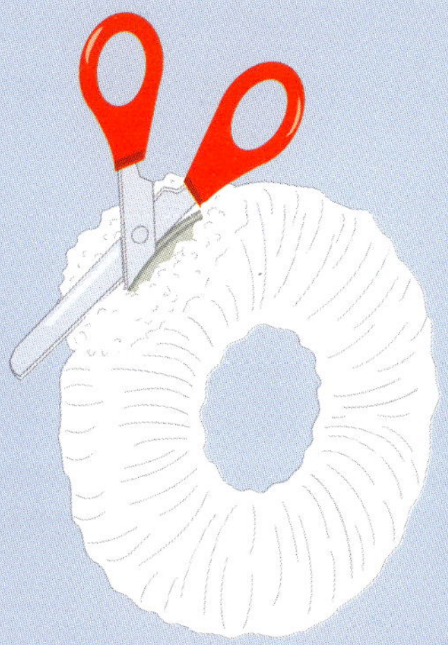

8. Enfonce la pointe des ciseaux entre les anneaux, comme ici. Découpe tout autour pour séparer les brins.

Fais-toi aider pour bien serrer le nœud.

9. Écarte légèrement les deux anneaux. Enroule un bout de ficelle au centre et attache en faisant un double nœud.

Égalise les brins de laine, si nécessaire.

10. Fais un nœud en haut de la ficelle pour pouvoir suspendre le pompon. Coupe les anneaux de carton et enlève-les.

Suspends plusieurs boules de neige au sapin de Noël.

# Les étoiles de Marc

1. Déchire de fines bandes de différentes largeurs dans du papier de soie orange et dans du blanc.

2. Pose du papier de soie jaune sur un morceau de cellophane alimentaire. Colle les bandes par-dessus.

3. Plie en deux une feuille de papier de la taille de cette page. Trace le contour d'une tasse trois fois. Découpe.

4. Plie un rond en deux trois fois, pour obtenir une forme pointue, comme sur l'illustration.

5. Répète avec les autres ronds. Puis découpe une entaille profonde en V dans la pointe d'un rond.

6. Pose sur un autre rond plié, en alignant bien les bords, et trace le contour de l'entaille au crayon.

7. Dessine la même forme de V sur les autres ronds pliés, puis découpe-les. Ouvre tous les cercles.

Fabrique des étoiles plus petites et mélange-les avec les autres.

Colle les ronds rapprochés l'un de l'autre.

8. Étale de la colle sur trois des ronds. Pose ceux-ci sur le papier de soie décoré à l'étape 2.

Décolle la cellophane avec l'ongle si elle a adhéré.

9. Découpe les cercles lorsque la colle est sèche. Prépare trois bouts de fil de la longueur d'un doigt.

Suspends à ta fenêtre ou au sapin de Noël.

Sers-toi de papier doré ou argenté si tu veux.

10. Colle un fil entre deux des ronds, côté papier de soie. Recommence avec le rond suivant.

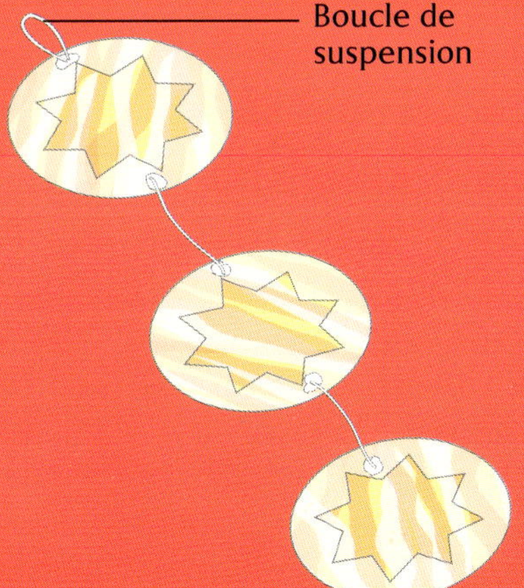


11. Une fois que les trois ronds sont reliés, fais une boucle avec le dernier fil et colle-la en haut.

Aligne bien le bord des étoiles.

12. Colle les trois ronds restants bord à bord sur les premiers, côté papier de soie.

# Carte de vœux en relief

1. Découpe deux rectangles de papier de la même taille. Plies-en un en deux dans le sens de la largeur.

2. Découpe deux entailles dans la pliure. Rabats la languette obtenue d'un côté, comme ceci.

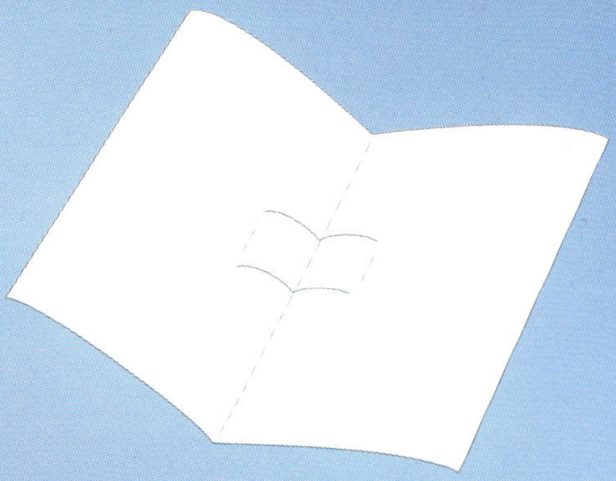

3. Rabats également la languette de l'autre côté. Marque bien le pli. Déplie et ouvre la carte.

Écris tes vœux à l'extérieur de la carte et signe ton nom à l'intérieur.

Tu peux aussi décorer le ciel avec les étoiles autocollantes de ce livre.

4. Pince ensuite la pliure centrale de chaque côté de la languette, mais pas la languette elle-même.

4. Enfonce la languette vers l'intérieur de la carte, comme ci-dessus. Ferme la carte et aplatis bien.

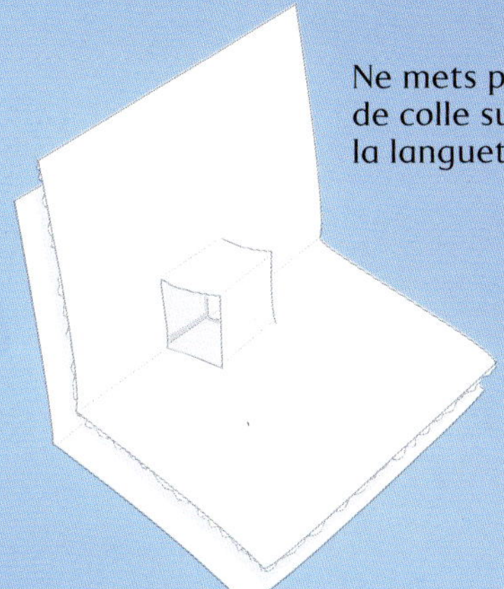

Ne mets pas de colle sur la languette.

6. Puis ouvre la carte. La languette ressort. Plie l'autre rectangle en deux et colle au dos du premier.

7. Coupe un bout de papier blanc assez petit pour tenir dans la carte. Marque les bords de la languette.

Ouvre la carte pour dessiner le décor.

8. Dessine le père Noël jusqu'à la taille. Son corps doit tenir entre les traits de repère. Colorie au feutre.

9. Dessine des briques sur la languette et des tuiles sur la moitié inférieure de la carte. Colorie le haut en bleu.

10. Découpe le père Noël. Pose un point de colle sur le haut de la cheminée et colle le père Noël dessus.

# Anges pour le sapin

1. Pose une grande assiette sur une feuille de papier blanc épais. Trace son contour au crayon. Découpe.

Mets l'autre demi-cercle de côté.

2. Plie en deux. Découpe le long de la pliure pour faire deux demi-cercles. L'un sera la robe de l'ange. Décore avec des feutres.

Sers-toi de ces anges comme décorations de table ou pour le sapin de Noël.

3. Laisse sécher, puis étale un filet de colle sur la moitié du bord droit d'un des demi-cercles, comme ici.

Décore avec de la colle à paillettes et des feutres dorés.

4. Colle les deux moitiés du bord droit l'une sur l'autre pour former un cône. Tiens avec la main jusqu'à ce que la colle sèche.

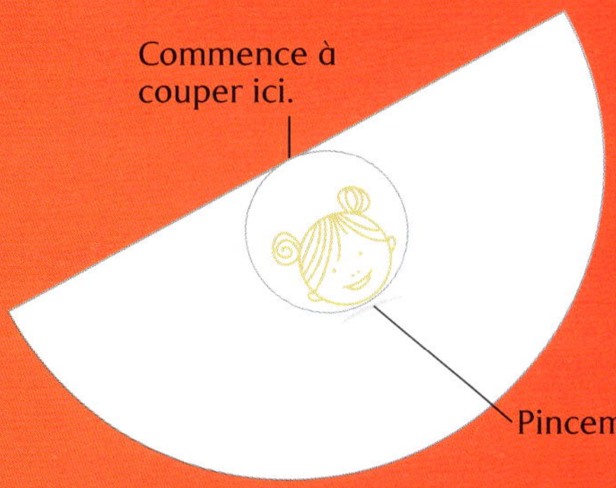


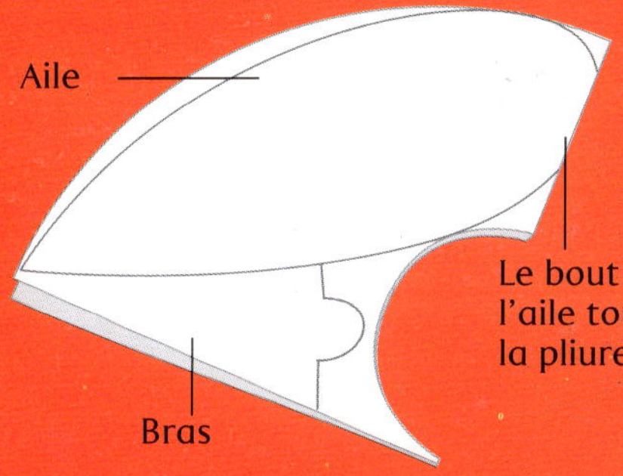


5. Rabats le bord recourbé de l'autre demi-cercle sur son bord droit. Pince-le légèrement au centre. Ouvre de nouveau.

6. Dessine une tête, avec le menton contre le pincement. Trace aussi un cercle pour l'auréole, jusqu'au bord. Découpe autour de l'auréole.

7. Plie le reste du demi-cercle en deux. Dessine une aile comme ci-dessus, puis un bras dans l'espace restant.

8. Découpe la forme du bras pour en obtenir deux, puis les deux ailes, sans couper la pliure qui relie celles-ci.

9. Verse des paillettes dans une soucoupe. Encolle le bord de l'auréole et des ailes. Trempe-les dans les paillettes et laisse sécher.

10. Dépose une goutte de colle sur la tête et colle-la sur le corps. Encolle aussi les bras et le centre des ailes et ajoute-les au corps.

# Le papier cadeau de Julie

1. Trace un cercle au feutre sur un carré d'éponge à l'aide d'un tube en carton ou bien d'un petit couvercle.

2. Dessine une croix dans le cercle, puis le signe plus, comme sur l'illustration, pour obtenir la forme d'un flocon de neige.

Tu dois obtenir une forme comme celle-ci.

3. Découpe le cercle. Puis découpe des petits triangles entre chaque ligne tracée à l'étape 2. Arrête-toi avant le centre.

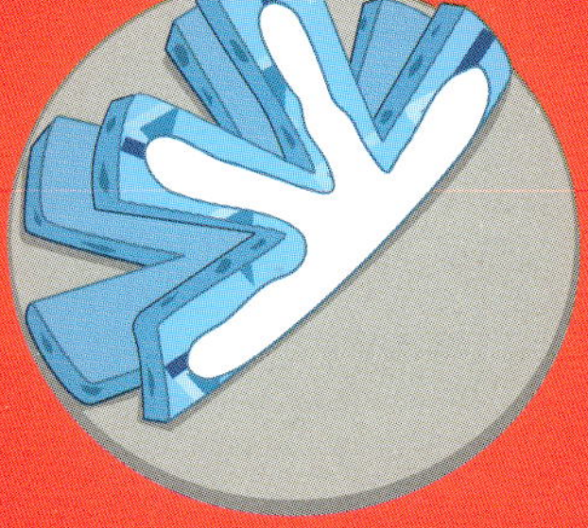

Étale la colle sur le côté écrit.

4. Trace un cercle identique au premier sur un bout de carton. Découpe-le. Encolle le flocon en éponge et colle-le dessus.

Si tu n'as pas de bouchon, utilise un capuchon.

5. Trempe un bouchon dans de la colle. Colle au centre du carton. Ce sera la poignée de ton tampon à imprimer.

Étale la peinture avec le dos d'une cuillère.

6. Pose un morceau d'essuie-tout sur une pile de vieux journaux. Étale un petit peu de peinture blanche dessus.

Laisse le papier sécher avant d'emballer tes cadeaux !

7. Trempe le tampon dans la peinture, puis imprime des flocons sur une grande feuille de papier bleu. Remplis toute la feuille.

Imprime des étiquettes cadeaux assorties.

Autre idée : imprime des flocons de neige sur des bandes de papier doré, que tu colleras sur un papier de couleur unie.

Écris à l'intérieur de l'étiquette, puis colle sur le cadeau.

Colle tes dessins en relief sur des étoiles ou des ronds.

# Étiquettes argentées

Le côté brillant est tourné vers l'extérieur.

Appuie fort.

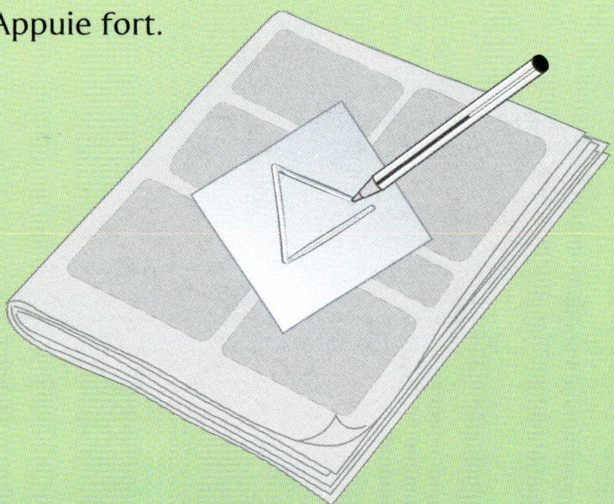

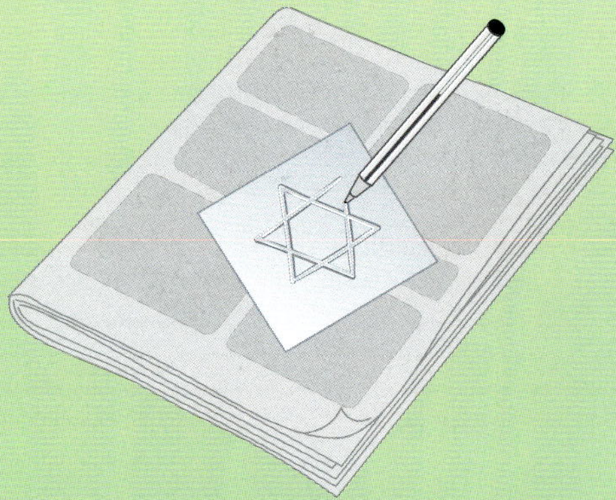

1. Plie un petit rectangle d'aluminium ménager en deux. Étale de la colle à l'intérieur. Aplatis.

2. Pose sur une pile de vieux journaux, puis dessine un triangle au stylo ou au crayon.

3. Dessine un triangle dans l'autre sens pour obtenir une étoile à six branches.

Étale la colle sur le côté de ton dessin.

4. Dessine des points et des petites étoiles tout autour. Retourne et colle sur un bout de carton plié.

Directrice de la collection : Fiona Watt • Responsable artistique : Mary Cartwright • Images numériques : Emma Julings